Forside og bagside design:

AF706576

Forside

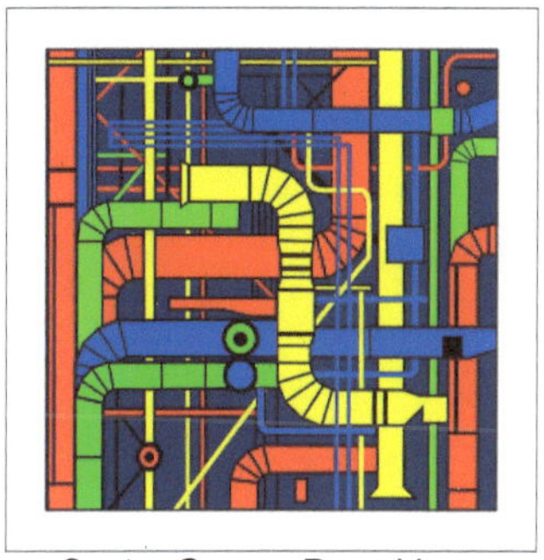

Centre George Pompidou

Det mest overraskende ved Centre National d'Art de Culture
Georges Pompidou er bagsidens arkitektur.
Rør malet i stærke farver.
Wikipedia: Centre National d'Art de Culture Georges Pompidou blev udtænkt af Præsident Georges Pompidou, som ønskede at skabe en original kulturinstitution i hjertet af Paris, fuldt fokuseret på moderne og nutidige værker, hvor den visuelle kunst ville være side om side med teater, musik, film, litteratur og det talte ord. Museet ligger i centrum af Paris i en bygning designet af Renzo Piano og Richard Rogers, hvis arkitektur symboliserer ånden i det 20. århundrede.
Centre Pompidou åbnede første gang dørene for offentligheden i 1977.
Efter renovering fra 1997 til december 1999, åbnede det for publikum igen den 1. januar 2000, med et udvidet museum og forbedrede adgangsforhold.
Siden da er det igen blevet en af de mest besøgte attraktioner i Frankrig.
Omkring 6 millioner mennesker passerer gennem Centre Pompidous døre hvert år, med i alt mere end 190 millioner besøgende i sine 30 års levetid.

Bagside

Foto og et par ord om mig.
Pre-Introduktion tekst.
ISBN og stregkode.

Kontakt Information:

Asbjorn Lonvig
Lille Fejringhus
43 Fejringhusvej
8722 Hedensted
Denmark
lonvig@mail.dk
(+45) 75890477

Forlags Information:

Udgivet af Asbjorn Lonvig Art Books
DBC Forlagsnummer: 92419
Trykt af LuluPress
Raleigh North Carolina USA

ISBN 978-87-92419-32-3

Indhold

Introduktion

Pre-Introduktion
Denne bog består af to dele.
Den første del er en detaljeret beskrivelse af mine 10 IT-Dogmer, som har til formål, at nå det ultimative mål "The World's Best in Fine Art...Nothing Less".
Den anden del handler om de 325+ kunstværker jeg har kreeret i henhold til de 10 IT-Dogmer, startende med 12 udvalgte motiver, der er forstørret og beskrevet. Derefter er alle de 325+ kunstværker vist i thumbnails.

Du har sikkert travlt.
Så spring den detaljerede beskrivelse af de 10 IT-dogmer over - beskrivelsen er meget teknisk. Bare læs titlerne på de 10 IT-dogmer.
Blad herefter i de 12 udvalgte motiver og gennem de 325+ thumbnails.
Jeg foreslår, at du også læser Introduktion (s. 3-4) og Konklusion (s. 66).

Introduktion
For ti år siden eller deromkring, læste jeg et franske kunstmagasin, som forudsagde, at kunstmarkedet ville blive 3,5 gange større end det nuværende marked på grund af Internettet. På det tidspunkt havde jeg arbejdet med kunst på traditionel vis i flere år. Ud over at være kunstner, designer etc. er jeg Software Engineer by IBM.
På stedet begyndte jeg at bruge IT, computer, software og internet i så mange sammenhænge som muligt. Alle mine eksisterende værker blev konverteret til digitalt format, og alle nye værker blev skabt digitalt.
Nu brugte jeg kun online gallerier til udstillinger.
Den eneste fysiske udstilling, der er tilbage er i mit eget atelier/galleri i Lille Fejringhus.

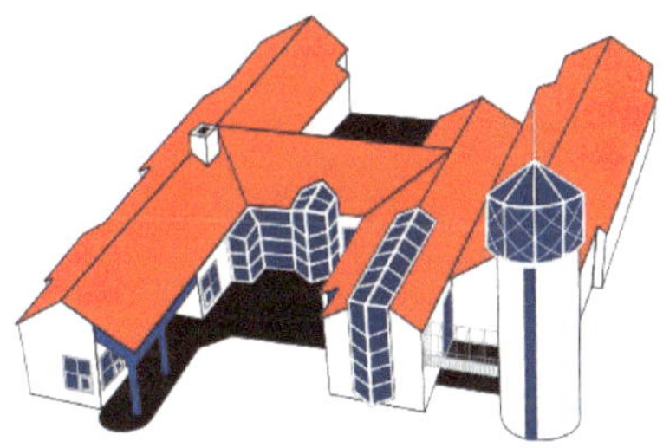

I de første år kom der mange negative reaktioner på mit forehavende. Jeg blev overrasket over den hadefulde retorik. Jeg forsøgte at indgå i dialog med de kritiske, men intet skulle drøftes. En belgier, der lige var blevet færdig på kunstakedemiet sagde: "Du gør det stik modsatte af, hvad man skal".

Tiden gik, og digital kunst begyndte at blive næsten tilladt. Jeg blev tildelt "The World Art Award" for mit arbejde i London, England. Jeg fik yderligere 2 priser, en i Rom og en i Montreal. Jeg blev udnævnt til medlem af "International Society of Artists and Designers in Rome, Italy".
Kritikere sammenligner mig med Mondrian, Miró, Kandinsky og Warhol. Den franske forfatter Alain Johannes, Paris sammenligner mig endda med den berømte komponist Johann Sebastian Bach.

Johann Sebastian Bachs arbejde berigede den herskende tyske musikstil med robust kontrapunktisk teknik, en uovertruffen kontrol af harmoniske og motivisk organisation, og tilpasning af rytmer, former og teksturer fra udlandet, især fra Italien og Frankrig. Jeg tror, at Alain Johannes sammenligninger handler om den kontrapunktiske teknik.

Jeg havde nu nået et vendepunkt,
Digital Art var ikke længere dubiøst.
Det var såmænd blevet en smule trendy.

Med udgangspunkt i Gutenberg
Men jeg havde et sidste stort problem, et problem, som jeg tror var forårsaget af Johann Gutenberg (1400-1468) fra Mainz i Rheinland-Pfalz, Tyskland. Hans opfindelse af den mekaniske bevægelige type startede "The Printing Revolution".
Denne nyskabelse har spillet en central rolle i udviklingen af renæssancen, reformationen, og den videnskabelige revolution. Den lagde også det materielle grundlag for den moderne videnbaserede økonomi og udbredelsen af læring til "masserne".
Men Gutenbergs principper var fokuseret på udskrivning af tekst, med nøgleordene minimering af udgifter og optimering af hastighed.
For kunstneren har trykprocessen at gøre med pigmenteret blæk, farve matchning og bæredygtighed.

Sydafrika
Efter at jeg deltog i "2010 International Fine Art" i Sydafrika, hvor digitale kunstværker blev trykt på Hahnemühle papir med pigmentbaseret blæk, åbnede der sig en ny verden for mig. Jeg fik ideen til at udgive mine 325+ bedste kunstværker og formulere 10 IT-Dogmer for at nå det ultimative mål "The World's Best in Fine Art...Nothing Less".

Farvesystemer
"The World's Best..." er selvfølgelig en subjektiv størrelse. Men det vigtige er for første gang at blive i stand til at udskrive præcise farver på holdbare medier. Uden undtagelse har trykning for mig indtil nu involveret en eller anden form for konvertering fra et farvesystem til et andet. Selv når jeg laver serigrafi/litografi, skal trykkeren blande farver og derved overgå fra et farvesystem til et andet.
Denne bog i sig selv er et lysende eksempel på dette problem. Bogen er IKKE trykt på min nye trykenhed, men derimod hos LuluPress i North Carolina.
Prøv at sammenligne forsidens smukke farver i motivet "Centre Pompidou" med farverne bag i bogen, thumbnails, så kan du se, hvad jeg mener. Det er ulideligt.
Hidtidige trykningsmetoder har ikke kunnet vise den sande skønhed i et kunstværk.
Den anden ekstremt vigtige ting for mig er, at jeg kan fortælle kunden, at farveægtheden og holdbarheden af produktet er i top.
En "sustainability" på over 400 år er målet.

Bedstemor Ands bil

Bedstemor And i Walt Disneys Anders And-univers har en bil som denne - i Lille Fejringhus er alle Anders And fans. Vi har en enorm samling af Anders And hæfter og alle JUMBO bøger. Vi har set alle Anders And-tegnefilm igen og igen. Blandt mine børns legetøj, fandt jeg 1919 Ford High Model-T Coupe som en lillebitte model. Ford Model T var billig og troværdig. Ford Model T ændrede amerikanernes transportmønstre.

De 10 IT-Dogmer

for at opnå det ultimative mål

"The World's Best in Fine Art... Nothing Less"

Al Capones Cadillac1930
Chicago Illinois USA

Alphonse Gabriel "Al" Capone (17 Januar 1899 - Januar 25, 1947) var gangster af profession. Han stod i spidsen for forbrydersyndikatet The Chicago Outfit, som senere blev kendt som "Capones" (1920'eme til 1931).
Cadillac V-16 (ofte kaldt Cadillac Sixteen) var Cadillacs top-of-the-line bil fra januar 1930 lanceringen indtil produktionen ophørte i 1940, da krigen i Europa ødelagde salget.
Bilen blev bygget i et meget lille antal, kun 4076 biler i de elleve år, modellen blev tilbudt. De fleste af disse blev bygget i 1930, før den Store Depression virkelig tog fart.
Som noget specielt kunne man få Cadillac V-16 udstyret efter egen smag, hvilket var et godt PR nummer.

De 10 IT-Dogmer - i overskrifter

1. Kunst af højeste kvalitet skabt på IT-udstyr med vektor baseret grafiske software.

2. Projector af højeste kvalitet forbundet online til IT-udstyr, til dynamisk beslutning om kunstens størrelser samt til præsentation.

3. Et medium af højeste kvalitet, eks. lærred og papir fra verdenskendt leverandør (...verdens bedste leverandør!).

4. Adgang til DSP's (DSP står for Den Større Producent, dvs. den producent, som vælges som hovedleverandør af såvel hardware som software) egne imaginging-research laboratorier, samt adgang til "Wilhelm Imaging Research, Inc." for uvildig test af farve ægthed o.l.

5. Ægthedsbevis af højeste kvalitet.

6. Hologram System af højeste kvalitet.

7. Pigmentbaseret Blæk af højeste kvalitet.

8. Trykenhed af højeste kvalitet fra en (strategisk udvalgt) global producent.

9. Software af højeste kvalitet til styring af tegnesystem (samt automatisk digital painting), af kalibrering*, samt af farve matchning, profilering og printerstyring etc.

10. Efterbehandling af højeste kvalitet - anvendelse af de mest innovative beskyttende materialer.

De 10 IT-Dogmer - Detaljer

1.

Kunst af højeste kvalitet skabt på IT-udstyr med vektorbaseret grafisk software

Begrebet kvalitet er meget svært at definere, hvornår er det kunst?
Vi har ingen objektiv måde at vurdere, om et kunstværk er af høj kvalitet.
Jeg vælger at sige, at dommen vedrørende min egne værker er min.
Min subjektive vurdering er baseret på svar fra andre.
Se "10 IT-Dogmas for reaching the ultimate goal: "The World's Best in Fine Art...Nothing less" at lonvig.dk

.
Værkerne er skabt ved hjælp af IT.
En computer med vektor baseret grafisk software som OpenOffice.org Draw, Corel Draw, Paint Shop Pro 9, Paint Shop Pro Photo X3, Adobe Illustrator, eller andre, er brugt.
Kunst værket skal foreligge på en fil, skabt af et software, der kan arbejde vektorbaseret, hvilket betyder at kunstværket kan skaleres op og ned uden tab af pixels.
Softwareprodukterne Corel Painter Essential 4 og Corel Painter 11er installeret til at erstatte traditionelle malemetoder..
En 21,5-tommer Widescreen LCD-skærm anvendes som konsol og til overvågning af div. software..
Grafisk databehandling og forstørrelse og formindskning af store kunstværker med mængder af pixels kræver en centralenhed med stor kraft, CPU-kraft (Intel ® Core ™ i5-660 processor (3,33 GHz, 4 MB cache, 1333 MHz hukommelse eller lignende) og en stor RAM (4 MB).
Harddisken skal være med stor kapacitet for at gemme kunstværkerne (0,3 TB - 1 TB, hvor en TB er lig med 1000MB).
Med henblik på at tage digitale billeder og med henblik på at optage Full HD Video til brug på video portalen YouTube, er der i de Tekniske Forudsætninger et 18 MB Canon Digital SLR Full HD apparat.

2.

Projector af højeste kvalitet forbundet online til IT-udstyr til dynamisk beslutning om værkers størrelse samt til præsentation.

En projektoren fra Den Større Producent (Den Større Producent er en markant IT leverandør af såvel maskinel som software, herefter kaldet DSP) er forbundet til centralenheden med et VGA-kabel. Projektorens billede vises på wide-screen lærreder (hhv. 200 x 150 cm - 78,7 "x 59,1" og 300 x 225 cm (118,1 "x 88,6"), afhængigt af hvilken størrelse-spektrum, der ønskes til den enkelte opgave.
Lærredet er placeret på en traditionel Mabef M/06 Studio staffeli, således at man kan simulere traditionelle metoder.

3.

Et medium af højeste kvalitet, eksempelvis Fine Art lærred og Fine Art papir fra verdenskendt leverandør.

Jeg bruger samme papir og lærred, som på "2010 International Fine Art" - et projekt, som fandt sted i juni 2010 i Syd Afrika i forbindelse med VM i fodbold.
Jeg har valgt Hahnemühle fra Niedersachsen i Tyskland. Deres sortiment af Fine Art produkter er en prisvindende samling af ægte kunstner papirer i en række forskellige overflader. Fotografer og kunstnere bruger Hahnemühle Fine Art produkter med en premium ink coating til eksklusiv fotografering, digitale kunstværker og reproduktion af kunst og fotografering i en overlegen galleri -og museumsstandard. Hahnemühle papirer giver en imponerende og unik måde at opnå præcision og holdbarhed. Alle Hahnemühle's produkter opfylder de højeste standarder for farvespektret, dybde, kontrast og farveovergange. Dette gør det muligt at trykke med ekstraordinære og uovertrufne resultater. Det tætte samarbejde opretholdt med DSP sikrer universel kompatibilitet af Hahnemühle produkter.
Hahnemühle blev grundlagt i 1584 og er det ældste tyske papir på markedet. Siden grundlæggelsen af selskabet for mere end 400 år siden, har en fremtidorienteret holdning dannet grundlag for fortsat vækst og innovativt styrket virksomheden. Et tæt samarbejde med nationale og internationale partnere muliggør hurtig omdannelse af forskningsresultater til nye produkter, som med succes er markedsført via et globalt net af partnere.
Mit valg af papir og lærred er helt specifikt:

A. Hahnemühle Digital Museum Etching 350 GSM Fine Art papir, som er en naturlig hvid, 100% cotton rag, OBA fri (ikke tilsat optiske blegemidler) med en let tekstur og en blød homogen overflade.

B. Hahnemühle Digital Fine Art Canvas Artist 340 GSM, som har en mærkbar linned struktur med en mat ink coating. Denne ink coating garanterer fremragende skarphed og farve graduering.

4.

Adgang til DSP's egne imaging-research laboratorier, samt adgang til Wilhelm Imaging Research, Inc. for uvildig test af farve ægthed o.l.

DSP adskiller sig fra andre leverandører på markedet ved at DSP er meget fokuseret på farveægthed og bæredygtighed.
DSP har 2 meget effektive Imaging-Research Laboratorier i San Diego, Californien og Corvallis, Oregon. Disse Laboratorier udvikler nye testprocedurer for bedre at kunne forudsige billedkvalitet på tværs af en bred vifte af nedbrydningsmekanismer, herunder lys falmen, ozon falmen, fugt-hurtighed, mørke lagring, o.l.
DSP's udstyr til test af kunstværkets kvalitet dækker en bred vifte af nedbrydningsfaktorer, og er temperatur -og fugtstyret for at kopiere og forudsige kunstværkers kvalitet under forhold, der er repræsentative for, hvordan kunderne rent faktisk opmagasinerer og fremviser kunstværker. DSP's egne testresultater stemmes af med resultaterne fra Wilhelm Imaging-Research, Inc'. DSP's test udstyr er højt specialiseret og kan ikke umiddelbart eftergøres uden store investeringer. For eksempel er typiske lysfalmetests udført ved 23 ° C og 50% relativ

luftfugtighed selv ved tilstedeværelse af ekstrem belysning (op til 350 gange lysere end typiske rumbelysning) er det svært for udstyret at opnå den forventede effekt.
Uddannelse af personale og tilførsel af ressourcer er nødvendigt.

Selv om der ikke er nogen officiel branchestandard endnu for falmningstest følger DSP de generelle testmetoder udviklet og anvendt af Wilhelm Imaging-Research, Inc.

5.
Ægthedsbevis af højeste kvalitet.

Ægthedsbeviset er designet til at beskytte sikkerheden og ægtheden af kunstværker og reproduktioner på Hahnemühle papir samt for at mindske risikoen for forfalskning. Hvert certifikat er lavet af "premium deckle edged molder made" papir.

6.
Hologram System af højeste kvalitet.

Hvert certifikat er som nævnt lavet af "premium deckle edged molder made" papir med et Hahnemühle vandmærke og fluorescerende sikkerhedsfibre. Et fortløbende nummereret hologram påsættes certifikatet. Et andet hologram med samme nummer bliver herefter påsat bagsiden af kunstværket. Kombinationen af certifikat og hologram forsikrer, at hvert ægthedsbevis vedrører et bestemt kunstværk. Alle certifikater oprettes ved salg på en Hahnemühle web site, nemlig MyArtRegestry.com, hvilket giver enhver adgang til at se udstedte certifikater.

7.
Pigmentbaseret Blæk af højeste kvalitet.

DSP's 12-farve blæksystem fungerer ved hjælp af Vivera pigmentbaseret blæk. DSP's trykenhed producerer udskrifter i høj kvalitet med glidende overgange og ægte neutrale gråtoner med Quad-Black Ink. Desuden opnår Gloss Enhancer overlegen ensartet glans og minimerer bronzering på de fleste blanke fotopapirer. Ideel til fotokunst samt Fine Art Print.

8.
Trykenhed af højeste kvalitet fra strategisk udvalgt global DSP.

Flere store producenter er blevct overvejet. Et par blev udelukket på grund af manglende bæredygtighed. Det er typisk, at hurtige trykenheder med et lille blæk-forbrug har lav holdbarhed herunder farveægthed. DSP er blevet valgt ud fra en samlet kommercielt vurdering - ikke kun en teknisk vurdering. Som Software Engineer har jeg taget denne type beslutninger før - meget vel vidende, at en anden producent kan have specifikke produkter, som for en periode kan være bedre end DSP.
Dog, over en tidshorisont på 5 år, har mine tidligere beslutninger vedrørende valg af DSP vist sig at være rigtige.
DSP's trykenhed er uovertruffen. Der er ikke mange af denne type trykenheder på det

kommercielle marked. Når det gælder hastighed, forbrug af blæk osv. et den ikke en vinder. Når det derimod gælder kunstnerens ønske om farvematchning, trykkets holdbarhed m.v., så er denne trykenhed den ideelle løsning.
Ja, fra en kunstners synspunkt er den simpelthen den bedste på verdensmarkedet.

9.

Software af højeste kvalitet til styring af tegnesystem (samt automatisk digital painting), af kalibrering, samt af farve matchning, profilering og printerstyring etc.

Trykenheden tilbyder et forbedret ColorCenter værktøj, der giver brugerne mulighed for nemt at udføre kalibrering og profilering. Ved at udnytte det integrerede spektrofotometer og DreamColorTeknology, kan brugerne generere brugerdefinerede International Color Consortium (ICC) profiler. En ICC profil gør det muligt at give nødvendig information til trykenhedens indbyggede computer om det enkelte papirtypes reaktion overfor bestemte farver. DreamColorechnologyi, sammen med det integrerede spektrofotometer forenkler i høj grad nøjagtig farvematchning og profilering.
Færdige ICC'er udarbejdes i et samarbejde mellem DSP og papirleverandøren (her Hahnemühle).
På Hahnemühles hjemmeside kan man således hente ICC for såvel Museum Etching 350 GSM som Artist Canvas 340 GSM.

10.

Efterbehandling af højeste kvalitet - anvendelse af de mest innovative beskyttende materialer.

Beskyttende Spray er mit valg til beskyttende efterbehandling.
Jeg har valgt The Hahnemühle Protective Spray, som giver en helt enestående beskyttelse af værdifulde blæk-baserede kunstværker. Denne lugtfri spray forsegler de trykte overflader og beskytter dem mod snavs, fingeraftryk og fugt. Hahnemühle Protective Spray er hurtigt tørrende og er herefter aldeles transparent, og har ingen som helst synlig effekt på de oprindelige farver og på papiret.
For de nævnte Hahnemühle produkter (Canvas og Fine Art Paper) er holdbarheden ved anvendelse af den anførte trykenhed: 200 år.
Dette tal er i sig selv yderst tilfredsstillende.
Ved anvendelse af Hahnemühle Protective Spray på et tryk fra ovennævnte trykenhed med en holdbarhed på 200 år, fordobles holdbarheden til 400 år.
400 år er uhørt tilfredsstillende.
400 år!
Jeg har aldrig hørt om en sådan holdbarhed før.......

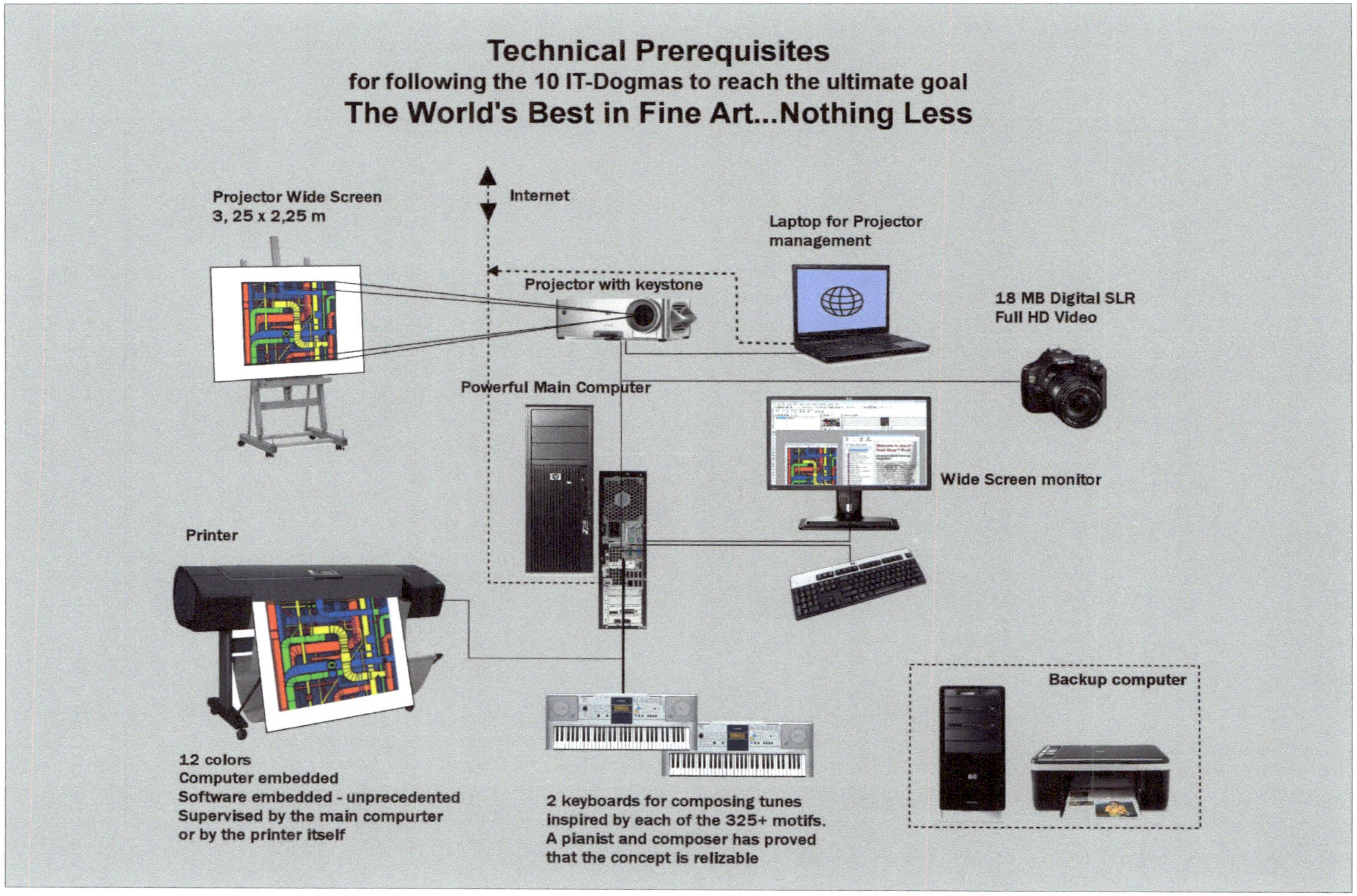
Technical Prerequisites
for following the 10 IT-Dogmas to reach the ultimate goal
The World's Best in Fine Art...Nothing Less
Projector Wide Screen
3, 25 x 2,25 m
Internet
Laptop for Projector
management
Projector with keystone
18 MB Digital SLR
Full HD Video
Powerful Main Computer
Wide Screen monitor
Printer
Backup computer
12 colors
Computer embedded
Software embedded - unprecedented
Supervised by the main compurter
or by the printer itself
2 keyboards for composing tunes
inspired by each of the 325+ motifs.
A pianist and composer has proved
that the concept is relizable

Tekniske forudsætninger

For at følge de 10 IT-Dogmer må man anskaffe særligt udstyr.
Se tegningen "Technical Prerequisites".

1. **Mabef M/06 Studio Staffeli.**
2. **Wide Screen lærred – kan forstørres til 2,25 x 4 m (88,6 "x 157,5").**
3. **Trykenhed med indbygget avanceret computer til styring af 12 Pigment Ink Cartridges monteret samtidigt, med farve matchning system og med et automatisk kalibreringssystem.**
4. **Projektor med Keystone Faciliteter, dvs. tilpasser skrå vinkler*.**
5. **Kraftig Workstation/Computer med stort udvalg af avanceret software**.**
6. **Bærbar til styring af projektor.**
7. **Wide Screen skærm med automatisk kalibreringssystem.**
8. **18 MB digital SLR kamera med fuld HD for optage video til udsendelse via YouTube.**
9. **2 x YAMAHA Digital Keyboard PSR-E323*****
10. **Backup computer and printer.**

Noter til Tekniske forudsætninger

*) Dvs. står projektoren ikke præcist midt for lærredet vil billedet på skærmen udgøre polygonen en ligebenet trapez, hvor grundlinien kan være til høje, til venstre, oppe eller nede. Ved at bruge Keystone funktionen kan man lade projektoren stå, hvor den står og indstille den således, at billedet bliver det tværstående rektangel, som vi ønsker.

**) En gammel Software Engineer by IBM kan godt blive i godt humør.
Når trykenheden ved hjælp af den indbyggede computer kalibrerer, så skriver den en hel masse farvprøver ud. Pludselig bakker den og indlæser farveprøverne igen. Det gør den for at tage højde for at forskelligt papir/canvas kan betyde forskellige farver. Derefter korrigerer computeren uden indgreb og starter trykopgaven.

**) Til komposition af musikstykker inspireret af hvert enkelt motiv.
Komponist Carsten Thomsen og jeg har afprøvet min tese om, at inspirationen til et visuelt resultat også kan anvendes som inspiration til at komponere et stykke musik. Testen af tesen var såre enkel.
Jeg satte et givet motiv på nodestativet på mit klaver, jeg fortalte lidt om inspirationen til motivet og bad Carsten Thomsen spille, det han så på nodestativet på baggrund af min informationer om inspirationen til motivet. Det helt specielle var, at jeg kunne høre, om han spillede "korrekt", hvilket man jo faktisk ikke kan sige. Indenfor kunst er der jo ikke noget, der er rigtigt og noget, der er forkert.
Men summa summarum - tesen var rigtig.

Eksempler

Her vises et udsnit af de 325+ motiver.
12 eksempler på motiver
i forstørret udgave og med beskrivelse.

Efterfølgende vises en alle de 325+ motiver præsenteret som thumbnails (små billeder).

Chapel of Saint Louis des Invalides

Napoleon Bonapartes sidste hvilested under kapellet Saint Louis des Invalides. Han døde på St. Helena, en lille afsides ø, hvor den briteme havde placeret ham, og han blev oprindeligt begravet der. Senere blev hans jordiske rester bragt tilbage til Frankrig og placeret i en storslået rød porfyr sarkofag.

Rapa-Nui Moai

Moai

Påskeøen er en polynesisk ø i det sydøstlige del af Stillehavet, på det sydøstligste punkt på den polynesiske trekant. Øen er et særligt område, den tilhører Chile.
Påskeøen er berømt for sine monumentale statuer, kaldet Moai, skabt af Rapa-Nui folket.
Det er et "World Heritage Site" (UNICEF), og en stor del øen er beskyttet i Rapa-Nui National Park.

Påskeøen er kendt af de lokale som Rapa-Nui, og den har kun én by, Hanga Roa, hvor næsten alle af de 2.700 indbyggere bor.
Øen er trekantet med en udslukt vulkan i hvert hjørne.

De 25 meter høje stenskulpturer er stadig en gåde for historikere og arkæologer.
Hvad er deres oprindelse?
Det menes, at et samfund af polynesisk oprindelse etableres på Påskeøen det 4. århundrede.
Det etablerede en unik tradition for monumentale skulpturer. Mellem det 10. og 16. århundrede, opførte de enorme stenfigurer, som længe har fascineret hele verden, og givet denne ø en mytisk atmosfære.

Påskeøen blev opdaget på påskesøndag 1722 af den hollandske opdagelsesrejsende Jakob Roggeveen.
Historien om Påskeøen er rig og kontroversiel. Dens indbyggere har udholdt hungersnød, epidemier, borgerkrig, slave razziaer og kolonialisme.
Nedbrud af økosystemet har bevirket at befolkningen er udslettet mere end én gang.
Den har efterladt en kulturel arv, som har bragt berømmelse til den lille ø på verdensplan.

Birdman

Legenden om "the birdman" er historien om en havmåge fra Påskeøen. Mågen gemte sine æg på et hemmeligt sted, Anakena. Hvert år svømmede unge modige mænd til Motu Nui ud for at lede efter æggene. Den, som fandt æggene, fik titlen "the birdman". Denne legende er, sammen andre myter kommercialiseret. Eks. Anakenas Vine.

9 Oncor-Hynchus-My-Kiss

Oncor-Hynchus-My-Kiss

Hej, mit navn er Oncor-Hynchus-My-Kiss.
Det er latin og betyder regnbueørred.
Bare kald mig My-Kiss.
Jeg krydsede Atlanterhavet fra Nordamerika i 1885.
Jeg var bare et æg dengang.
Jeg blev udklækket i Danmark, og siden har jeg været i fiskeopdræt.

Jeg har dog ikke været en succes hele tiden.
I nogle perioder bliver mine farver forvandlet til grå nuancer.
Jeg er forvirret, og jeg svømmer i den forkerte retning.
Jeg er deprimeret.
Mit navn er Oncor-Hynchus-My-Kiss-atrox-Grisea-Digitalis-Rubra
som er latinsk for den Grusomme Grå Regnbue Ørred
som skaber røde tal (digitalis rubra) i regnskabet.
I disse perioder er det ikke sjovt overhovedet at være en regnbueørred.
I disse perioder er det ikke sjovt overhovedet at være en dambruger eller folk i forarbejdningsindustrien.
I andre perioder, er jeg succesfuld ....

Og.
I andre perioder bliver mine farver forvandlet til gyldne nuancer.
Auratus starter med bogstaverne AU - den kemiske betegnelse for guld.
Auratus er latin for guld.
Dambrugere og folk i forarbejdningsindustrien betragter mig som en ren guldfisk.
Dambrugere og folk i forarbejdningsindustrien er sindige folk,
der ikke bruger store ord.
Det er helt sikkert fra disse perioder den danske sætning "ikke så ringe endda" stammer.

Danforel blev startet af en gruppe visionære dambrugere*.
Danforel har altid været meget tæt knyttet til fiskeopdræt.

Op -og nedture.
På et tidspunkt var Danforel faktisk ejet af Royal Greenland ...

Jeg og Danforel lever nu stille og roligt.
Nogle gange forvandles mine farver til smukke arktiske blå farver og hvid.
Hvid som den arktiske sne.
Jeg fik navnet Oncor-Hynchus-My-Kiss-Arcticus-Azure.
Jeg blev så glad, fordi Royal Greenland er et af vendens bedste brands.
Men.
Jeg blev ramt af sygdom.
Meget alvorlig sygdom - jeg var døden nær.
Nye ejere købte Danforel for at give mig en værdig død.
Men den nye ejer fandt ud af Danforel kunne blive en sund forretning.
Jeg og Danforel overlevede.

Denne gang er nuancerne i grønt.
Jeg har fået det dejlige navn Oncor-Hynchus-My-Kiss-Ecológica.
Danforel er ved at opbygge et ultra visionært dambrug ikke langt fra Brande,
hvor Danforel blev grundlagt.
Danforel arbejder sammen med den innovative ejer af Kærhede Dambrug i Kibæk.
Dette nye dambrug behøver ikke vand - ingen bæk??? - ingen å???.
Skørt, synes du ikke?

Et dambrug, hvor vand fra undergrunden pumpes tilbage i undergrunden via et sindrigt system af rør.
Der er en filtrering gennem naturligt forekommende kullag.
Et dambrug, som kunne placeres i din stue, uden miljømæssige konsekvenser.
Et dambrug, hvor slammet opsamles ....
Ved at brænde slammet dannes den rene fosfor (P)..
P som i NPK-gødning.
Et dambrug, hvor alt styres teknologisk.
Et dambrug, hvor fodringen overvåges på TV via kameraer placeret på bassinernes bund.
De sikrer korrekt fødeindtagelse.
De sikrer vores velbefindende.

Et dambrug med 72 tanke i hvert hus, opdelt i separate enheder med 6 bassiner,
hvor hver enhed kan lukkes ned og rengøres separat.
Som Oncor-Hynchus-My-Kiss-Ecológica er jeg med til at holde kloden ren.
Jeg øger Danforels produktion med 50%,
og jeg hjælper til med at sikre Danforels forsyninger.
Jeg er en stolt Oncor-Hynchus-My-Kiss-Ecológica.
Jeg er en stolt Oncor-Hynchus-My-Kiss-Ecológica når Miljøministeren* om et par dage kommer forbi for at besøge mig og se det super-innovative økologiske projekt.

Med venlig hilsen
Oncor-Hynchus-My-Kiss-Ecológica

*) *Jeg blev født i Brande. Min bedstefar Kristian Jensen var en velstående Dambruger. Tro det eller ej - han var en af de visionære fiskeopdrættere, der startede Danforel i 1939 - dengang hed det "Dansk Andels Ørredeksport".*

*) *Ministeren for miljø - han hedder Troels.*
Som politiker kan han godt virke lidt kedelig og grå.
Men.
Han besøger mig nu og da.
Vi går til fodboldkampe sammen - vi er fans af samme fodboldhold.
I disse tilfælde er han sprudlende og farverig.
Når modstanderen scorer et mål, råber han som jeg højlydt "Oh Shit", "Damn it".......
Jeg har bedt ham om (jeg er bare en drengerøv) at ankomme i sin fornemme Ministerbil med chauffør næste gang han besøger mig.

Mine egne eventyrfigurer

Eventyrfigurer
De er aktørerne i mine eventyr. Jeg har skrevet og udgivet en hel del. Nogle af eventyrene er oversat og udgivet på 15 sprog.
Eventyrfigurene har i årenes løb været brugt til en masse ting. Plakater, postkort, T-shirts, tasker, sko, støvler, ure, gardiner, sengetøj og lagner - you Name-It.
Selv US Postal frimærker.
Giraffen hedder Tall-Charlie - han er den mest populære.
"25 Congratulations" er en gave til Bestsellers børnetøjsmærke Name-It
i anledning af Name-Its 25 års fødselsdag.
Jeg har præsenteret mit koncept med tøj, bøger og alt mulig tilbehør for Name-It.
Name-It fortalte mig, at hvis der ikke havde været nogen økonomisk krise, så ville vi have startet i morgen.
.

Blue Sky - Guggenheim New York

Blue Sky

New York er gule taxaer, sorte mænd, hvide kvinder, røde lys, grønne lys, infernalsk støj, Hotel Lexington, hjemløse, alkohol, Soho, narkotika, penthouse, Fifth Avenue, Trump Tower, Metropolitan, restauranter, Park Avenue, deli'er, Central Park, baggårde, gyder, ekstravagance, elendighed, China Town, Rockefeller Center, millionærer, tiggere, Subway, Broadway, turister, Chelsea, diplomater, FN....hjemløse, der sover i papkasser nede ved FN bygningen.

Men New York er ikke rigtig New York uden Guggenheim, det store kunstmuseum på Fifth Avenue. Arkitekten er Frank Lloyd Wright.
Det er et af Frank Lloyd Wrights to mesterværker.
Det andet mesterværk er "Falling water", Bear Run, Pennsylvania, et hus placeret pragtfuldt i en smukt landskab som en del af landskabet.
En bæk løber gennem huset!
Utroligt hvordan Frank Lloyd Wrights arkitektur er moderne.
I Chicago så jeg flere af hans huse i Oak Park, der så ud som om de var bygget i går.
Et var fra 1909.

Han boede selv tidligt i sit liv i Oak Park.
Jeg så det.
Det er tegnet af ham.
Tidligt i sin karriere.
Siden blev det til mange forskellige bygninger, blandt andet højhuse.

Frank Lloyd Wright havde helt sikkert en sjælden gave.

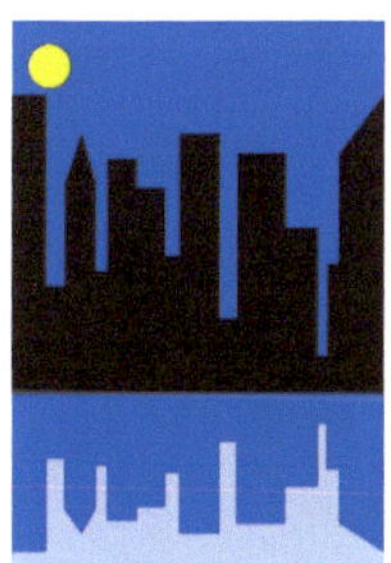

Manhattan New York
Jeg landede i Newark Lufthavn i New Jersey vest for Manhattan.
Jeg skulle for første gang se New Yorks skyline. Jeg havde naturligvis set den på film, postkort, alt.
Pludselig dukkede den op - den oversteg alle forventninger, der gik et gys gennem passagererne i bussen.
Så forsvandt vi ned i Lincoln Tunnel. Vi kom op af tunnelen ved 39th Street og skulle op til
48th og på tværs til Lexinton Avenue, som ligger lige efter Park Avenue, når vi kommer fra vest.
Destinationen var Lexinton Hotel.

Soul Hurting Still

Den franske forfatter Alain Joannes fra Paris priser min kunst i høje vendinger i sin nye bog. Bogen har titlen "Comment communiquer par des images" - sådan kommunikerer man via billeder, og den udkommer 10.marts 2005, hvor den præsenteres på den store franske bogmesse "Salon du Livre" i Paris.

Her er, hvad Alain Joannes skriver:

Abjørn Lønvigs jubelkor af former og farver
Det, som den danske maler Asbjørn Lønvigs kunst formidler fra det allerførste øjekast, er rendyrket eufori. En eufori, der er så intens, at øjet har svært ved at give slip.
De mættede farvenuancer spiller selvfølgelig en stor rolle i denne glædens brillans. Den flamboyante farverigdom og den følelse af glæde, der kommer i forlængelse heraf, har mange årsager.
Hvad angår overensstemmelsen mellem skabelsen af kunst og kravene til formidling, illustrerer Asbjørn Lønvigs værk en hypotese fra de neurokognitive videnskaber, ifølge hvilken de neuroner, der er ansvarlige for synsopfattelsen, først aktiveres i forhold til genkendelsen af former, dernæst i forhold til genkendelsen af farver, strukturer og bevægelser. I et værk som "Soul hurting still" indfinder der sig en balance mellem sansepåvirkningerne fra former og fra farver. Glæden kommer af, at øjet og hjernen modtager rødt, gult, grønt og blåt, samtidig med at der sker genkendelse af firkanter, rektangler, cirkler, trekanter, lige linjer og brudte linjer og sågar bogstavet A. Øjet, der således fyldes af en overdådighed af sanseindtryk, fremmaner en mental tilstand, der genererer glæde.
Hinsides urfølelsen bestræber sindet sig i iagttagelsens anden fase på at give maleriet en samlet mening. Her læner sindet sig op ad det repertoire af former, der allerede har indprentet sig. Glæden får et anstrøg af leg. Værket, der fungerer som en rebus, et kort over et ukendt territorium, et kodet sprog eller et mystisk diagram, spørger iagttageren: "Hvad er jeg?"
De mange mulige svar er de mentale resonanser, der forlener kunstens formidling med en rigdom, der er alle andre formidlingsformer overlegen.
Denne formidling er intersubjektiv. Den foranlediger mødet mellem kunstnerens subjektivitet og iagttagerens subjektivitet. Iagttageren kan frit referere til f.eks. tropeinspirerede sanseindtryk: associationerne fra en dominerende solgul farve, en blå der får ham til at tænke på himlen, en grøn der minder ham om frodig vegetation. Maleriet kan også få ham til at associere til sin private samling af primitiv kunst. Og der er intet, der forhindrer ham i at komme til at tænke på Kandinskys og Mondrians geometriske abstraktioner. En ting er sikker: værket bliver lagret i langtidshukommelsen med alle dets sanse-, følelses-, legeimpuls- og kulturresonanser.
Det er interessant at vide, at glædespåvirkningen fra Asbjørn Lønvigs værk er tæt forbundet med hans kunstneriske fremgangsmåde. Maleren (datalog på højt niveau og siden virksomhedsleder) har fundet ro i en billedskabelse, der begynder med digitale skitser på computeren og færdiggøres på et fysisk underlag - ramme og lærred - der designes og fremstilles helt fra bunden af maleren selv.

Alain Joannes, forfatter
Paris
Frankrig

Spanish Bull

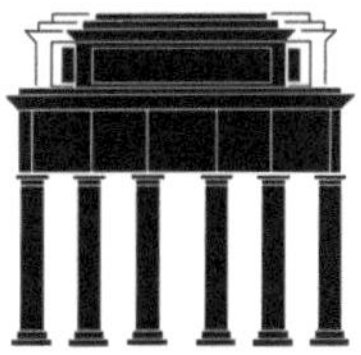

Museo del Prado Madrid Spain

Spanish Bull.

Inspireret af tyrefægtning.
Tyrefægtning er en traditionel ritual i Spanien, Portugal, nogle byer i det sydlige Frankrig, samt flere latinamerikanske lande, hvor én eller flere levende tyre blivder rituelt dræbt i en tyrefægterarena.

Tyrefægtning forårsager hede diskussioner i mange områder af verden, herunder Mexico, Ecuador, Spanien og Portugal.
Tilhængere af tyrefægtning hævder, at det er en kulturelt vigtig tradition, mens dyrebeskyttelsesgrupper hævder, at det er en afskyelig sport på grund af de lidelser, tyre og heste bliver udsat for under tyrefægtningen.

Ifølge DACS i Storbritannien, som er en søsterorganisation til Copy-Dan, der administrerer kunstneres intellektuelle rettigheder i Danmark, koster ophavsretten til dette motiv en formue.
Et engelsk firma ønskede at købe ophavsretten til et bestemt formål - et bestemt produkt - og DACS prissatte en ikke-eksklusiv ophavsret til £ 40.000!

Sagrada Familia Barcelona Spain

Vi havde været rundt i hele Barcelona.
Gaudis bygninger, La Rambla, Christofer Columbus' skib Maria, Nuo Camp, La Font Magica - det Mozartspillende springvand, Parc de Montjuic- bjerget, der senere blev kendt under Sommer-OL i 1992.
Og nu skulle vi spise vores madpakke. På en bænk lige ved siden af Sagrada Familia.
Kirken var lukket, men det var vi dengang ligeglade med. Siden har min ældste søn været der.
Han var helt vild med kirkens indre. Så efter at have set billeder derfra, ja, så ærgrer jeg mig.

Sydney Opera House Sydney Australia

The Blue Kangaroo

Sydney Opera House

Arkitekturen i dette hus er kendt verden over, men vidste du, at arkitekten er en af vore danske landsmænd. Jørn Utzon er hans navn. Men Jørn Utzon trådte tilbage fra denne opgave efter 9 års opbygning. Siden da, er Utzon aldrig vendte tilbage til Australien for at se hans berømte bygning.
Da Utzon var på udkig efter et ideelt tilflugtssted, byggede han huset "Can Lis" i 1972, med en ekstraordinær udsigt over havet. Et hus med store vinduer uden glas. Ligesom Frank Lloyd Wright har designet "Falling Water" i Bear Run, Pennsylvania - har Utzon designet sin perle "Can Lis" i Porto Pietro, på den spanske ø Mallorca.
Vi gik ind i operahuset for at se og høre en spansk version af Carmen.
Carmen er en fransk "Opera Comique" af Georges Bizet.
Operaen havde premiere på Opéra-Comique i Paris den 3. marts 1875, men den blev fordømt af de fleste kritikere.
Bizet døde den 3. juni 1875, og fik aldrig at vide, hvor populær Carmen blev.
Historien foregår i Sevilla, Spanien, c. 1830, og vedrører Carmen, en smuk sigøjner med et flammende temperament. Hun bejler til korporal Don José, en uerfaren soldat. Deres forhold fører til hans afvisning af hans tidligere kærlighed, mytteri mod sin overordnede, og deltagelse i en smugler bande. Hans jalousi, når hun kurtiserer med tyrefægteren Escamillo fører til Carmens død.
I operaen sad jeg sammen med min familie lige bag en stor fed dame, der havde tømt adskillige flasker parfume umiddelbart før forestillingen. Vi udholdt stanken i et langt, langt første akt.
En enstemmig beslutning blev taget så snart vi nåede pausen.
Løb!
Der er ikke noget så skønt som at fylde lungerne med frisk australsk havneluft.
Nøgleordene for min inspiration til "Sydney Opera House" er således Utzons fantastiske arkitektur i Sydney, Carmen og Georges Bizet, Spanien og spansk. (Bemærk: Farverne i "Sydney Opera House", svarer til farverne i "Spanish Bull").

Den Fede Dame
Asbjørn Lønvigs ord: Efter at have læst teksten, at have hørt og set Joe Tex på YouTube, lavede jeg den fede dame. Motivet er lavet til Sony på Sony's opfordring.
Sonys ord: Kunstner: Joe Tex, skrevet af Buddy Killen og Bennie McGinty, (c) Sony / ATV Music Publishing LLC. Alle rettigheder administreres af Sony / ATV Music Publishing LLC, 8 Music Square West, Nashville, TN 37203. Alle rettigheder forbeholdt Global hovedkvarter: Sony / ATV Music Publishing LLC, 550 Madison Ave, 5th Floor, New York, NY 10022, USA

Think Wind Power

Think Wind Power

Jeg er medlem af "Organizing for America" til støtte af Barack Obamas ideer.
Hver dag modtager jeg nyheder om hans færden.
Barack Obama mener, vi har en moralsk, en miljømæssig, en økonomisk og en sikkerhedsmæssig bydende nødvendig forpligtigelse til at tage vores afhængighed af udenlandsk olie op til overvejelse og i øvrigt tackle klimaforandringer på en seriøs og bæredygtig måde.

Jeg er dansker.
Jeg voksede op i et land, hvor vi kunne se en vindmølle uanset i hvilken retning vi kiggede.
Det er årtier siden vindmøllerne blev brugt til at kværne korn.

Nu producerer de energi til alle mulige formål.
Den danske vindmølleindustri er verdens største.
Siemens Wind Power med hovedkvarter Brande, Danmark er i kraftig vækst - de satser på offshore møller.

"Think Wind Power" er inspireret af Georg Gearløses* Lille Hjælper, Barack Obama, Siemens Wind Power og mig selv som miljøinteresseret (fra Lomborg til Johanne).

*) Georg Gearløs er en opfinder vises i tegneseriehistorier som en ven af Anders And.
Gyro er ofte bistået af hans Lille Hjælper (eller bare "Helper"), der er en lille menneskelignende robot med en pære til et hoved symboliserer geni.

Sunrise

Motivet afslører om vi er på østkysten elle vestkusten dvs. i regionen Galicia.
Solen står op i øst.
Så vi er i en a regionerne Catalonia, Valencian Com, Murcia eller Andalisia.

Toulouse

Toulouse

Henri de Toulouse-Lautrec (1864 - 1901) var en fransk maler, grafiker, illustrator etc., hvor fordybelse i det farverige og teatralske liv i "Fin de siècle Paris" har resulteret i en intens beskrivelse af Moulin Rouge og dets dekadente liv. Tulouse-Lautrec var på linie med Cézanne, van Gogh og Gauguin en af de største malere indenfor den Post-impressionistiske periode.
I en alder af 13 brækkede Henri sit højre lårben. Det helede ikke ordentligt. Moderne læger tilskriver dette en ukendt genetisk sygdom.
Hans ben er ophørt med at vokse, og som voksen blev han kun 1,22 m (4 ft 6 i) høj.
Han udviklede en voksen størrelse torso, men bevarede sin små ben , som var 0,70 m (27,5 in) lange.
Toulouse-Lautrec overgav sig helt til boheme-livet, brugte meget af sin tid på druk og svir i Paris' kabareter, bordeller m.v.

Jeg var på en udstilling på Trapholt Kunstmuseum.
Udstillingen blev kaldt "Hommage á Henri de Toulouse-Lautrec".
Jeg har altid været utrolig fascineret af Henri de Toulouse-Lautrec - af mange grunde.
Et af de berømte motiver er Toulouse-Lautrec's første plakat, Moulin Rouge - La Goulue, hvor der i plakat design indførtes en forenkling af form, rum og komposition - formentlig inspireret af det japanske trætryk.
"Hommage" betyder "til ære for", og jeg så ingen ære overhovedet.
Jeg havde intet andet at gøre end at gik hjem og lavede min egen "Hommage á Henri Toulouse-Lautrec".

Jeg mødte i øvrigt Toulouse i Moulin Rouge en aften før kabareten i 1986.
Han var vistnok beruset. Eller var jeg?

Min inspiration: Hans kunst, hans hat, hans briller, hans skæg, hans små ben, hans tøj. Det røde tørklæde er ikke hans eget. Det er en del af min visualisering af Toulouse.
Tørklædet stammer fra en plakat med kunstneren Aristide Bruant, der bærer et markant rødt halstørklæde på en af Henri Toulouse-Lautrecs mest berømte plakater.

Moulin Rouge Paris
Fri campagne til alle. Også til Jakob på 4.
Jeg forbinder Moulin Rouge med unge damer der danser en fyrig can-can.
At de ikke havde tøj på overkroppen var ikke noget særligt i 1986.

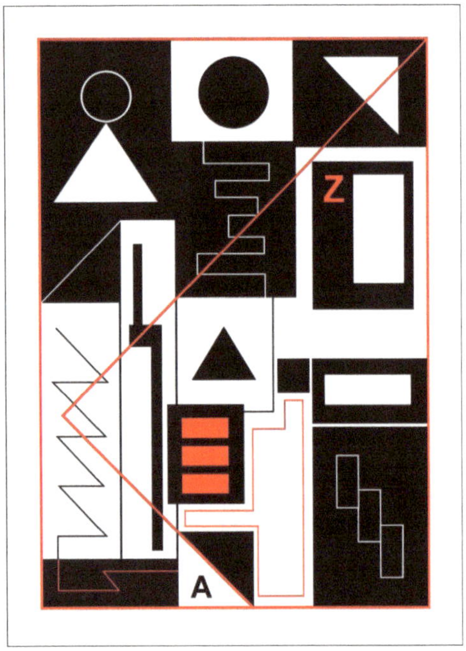

Perception I

Perception II

TOPTEN

Udstilling i Rom, Italien på Artrom Gallery Guild, 30 november 2011 til januar 15, 2012.
Artrom Gallery GUILD i Rom, er et verdensomspændende showcase af "outstanding" kunstnere og designere.
Alle AGG Medlemmerne blev udvalgt som vindere af en International Artrom Gallery konkurrence, eller de har ansøgt om at blive medlem, og blev accepteret gennem en jury.

Artrom Gallery har besluttet at dedikere den første udstilling i sæsonen til præsentationen af kunstnere, der blev valgt som vindere eller finalister i Artrom Gallerys tidligere konkurrencer.
Artrom Gallery Guild skriver: "Vi er imponeret over dit arbejde. Til denne udstilling vil vi være interesseret i at præsentere dine Fine Art Prints".
Jeg vil på TOPTEN vise arbejder med temaet "Perception".

Perception
Wikipeadia, den frie encyklopædi:
Perception er processen med at opnå bevidsthed om eller forståelse af miljøet ved at organisere og fortolke sensorisk information. Alle opfattelser indebærer signaler i nervesystemet, som igen skyldes fysisk stimulering af sanseorganer.

Engelsk forfatter og dramatiker Douglas Adams (* 1952)
Alt, hvad du kan se eller høre eller opleve på nogen måde overhovedet er specifik for dig. Du opretter et univers ved at opfatte det, så alt i universet du opfatter er specifik for dig.

Schweiziske psykiater C. G. Jung (* 1875):
Essensen af CG Jungs teori om opfattelsen er, at mange tilsyneladende tilfældig variation i adfærd er faktisk ret ordnet og konsekvent, idet det skyldes grundlæggende forskelle i den måde, personer foretrækker at bruge deres perception og dømmekraft.

Kinesiske filosof Confucius (* 551 f.Kr.):
Alt har skønhed, men ikke alle ser det.
At vide er at vide, at du ikke ved noget. Det er meningen af sand kundskab.
Når vi ser mænd med det modsatte karakter, skal vi vende indad og undersøge os selv.

Symbolik

Jeg har lavet disse værker for at synliggøre, at psykologisk og filosofisk inspireret tankegang er væsentlig for mennesker.
Kunstværket består af 2 motiver.
2 motiver, som set hver for sig er tilsyneladende identiske.
Men hvis du ser nærmere på værkerne, vil du indse, at det er de ikke - slet ikke.
Få elementer er identiske - temaet er det samme, men det faktiske figurer er ikke.
De symboliserer forskellige opfattelser af den samme hændelse eller genstand.
De symboliserer, at to eller flere hændelser eller objekter vil blive opfattet forskelligt af forskellige mennesker, når deres sanseorganer, som syn, hørelse, lugtesans osv. bliver stimuleret.
Alt, hvad en person ser, hører, lugter etc. eller oplevelser på nogen måde overhovedet, er specifikke for den pågældende person.
Perception er resultatet af den enkeltes inherence og erfaringer til at gøre tingene ordentlig og konsekvent.
Folk skal acceptere individualitet perception.
Perception er individuel og tvivlsom.
Perception er ikke at vide.
Perception er at vide noget.
At vide er at vide, at du ikke ved noget

Colorful Circles

Colorful Circles

Tænk på et Pariserhjul.
Tænk på Jung og en af hans mandalas.
Tænk på Niels Bohr og hvordan elektroner i et atom hvirvler omkring kernen.
Tænk på en dejlig lagkage med flødeskum og hinbær.
Tænk på hvad der sker, hvis solen skinner på dråber af fugt i atmosfæren.
Tænk på cykler med et punkteret dæk
Tænk på den smilende korpulente Buddha.
Tænk på cirkelen, som inspirerede til udviklingen af geometri, astronomi og matematik.
Tænk på, at hjulet var forbundet med det guddommelige i den sene middelalder.
Tænk på, at hjulet blev opfundet i det 4. årtusinde f.Kr.
Tænk på den glæde - måske mangel på samme - menneskeheden havde haft siden 4. årtusinde f.Kr., hvis hjulet ikke var blevet opfundet.

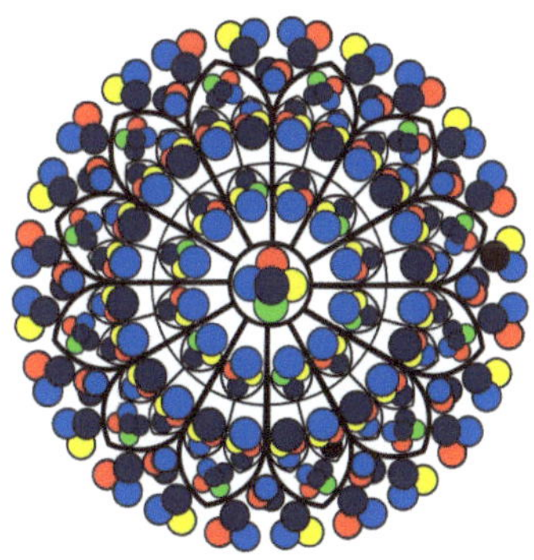

The South Rose

En lille historie om The South Rose. Jeg er ved at udvikle et seminar med det formål at forbedre folks kreative evner gennem en symbiose mellem psykologi, kunst og IT i samarbejde med ireren Stephen Burke, der er psykolog med stor erfaring indenfor anvendt psykologi og C.G. Jung.
Desværre er seminaret blevet udsat. Stephen blev headhunted til et viceprecident job hos Lego.
En dag viste jeg Stephen mit motiv "The South Rose" og på samme tid, spurgte jeg ham, om det kunne være en mandala?
Han fortalte mig, The South Rose glasmosaik i Notre Dame i Paris var en illustration i en af C.G. Jungs bøger ... så jeg er sikker på, det er en mandala, svarede Stephen.

325+ motiver - katgoriseret i 10 Collections.

Jeg har udvalgt de 325+ af mine motiver og sat dem til salg kreeret i henhold til de 10 IT-Dogmer.

Den Abstrakte Kollektion
Farverig Enkelthed (Colorful Simplicity)

Den Nordeuropæiske Kollektion
Paris
Tour de France
London
Amsterdam - Berlin - Sankt Petersburg
Danmark - Hedensted - Brande - Vejle - Lillebæltsbroen - Fyn

Den Sydeuropæiske Kollektion
Italien - Portofino - Sienna - Firenze - Venedig - Assisi - Paestum - Puglia
Rom - Colosseum - Vatikanet - Forum Romanum - Pantheon - Museo Nazionale Romano
Spanien - Madrid - Barcelona - Costa Brava - Granada - Lissabon - Porto

Den Nordamerikanske Kollektion
Canada Vest - Canada Øst
New York - Buffalo
Chicago - Denver - Portland - San Francisco - Grand Canyon - Nashville

Den Sydamerikanske Kollektion
Argentina Caminito Buenos Aires
Chile Påskeøen

Østen og Fjernøsten Kollektionen
Japan – Den Gyldne Pavillon - Tokyo Tårnet - Tokyo - Fuji - Tokyo Portal
Kina - Konfutse - Shanghai - Pudong – De vilde gæs Pagode - Longhua Templet - Den Kinesiske Mur
Min Kalligrafi: Kinesiske bogstaver for "Fisk", "Hund" og for "Us"
Indien - Taj Mahal
Nepal - Mount Everest

Den Australsk/Oceaniske Kollektion
Sydneys Opera Hus – Kænguru Canbara - Great Barrier Reef

Den Afrikanske Kollektion
Sydafrika

Den Blandede Kollektion
Arkitektur
Cirkus
Museer - Domkirker - Kirker - Kristendom
HC Andersen illustrationer
Skulpturel/æstetisk: Veteranbiler - Racervogne - Motorcykler
Vindenergi
Blomster
Eventyrfigurer fra mine eventyr
Særligt Udvalg: Visuel Knowledge - LONVIG by MINYMO - Danforel

The Owner's Collection
Kun til salg til ejerne.

Den Abstrakte Kollektion

Farverig Enkelhed (Colorful Simplicity)

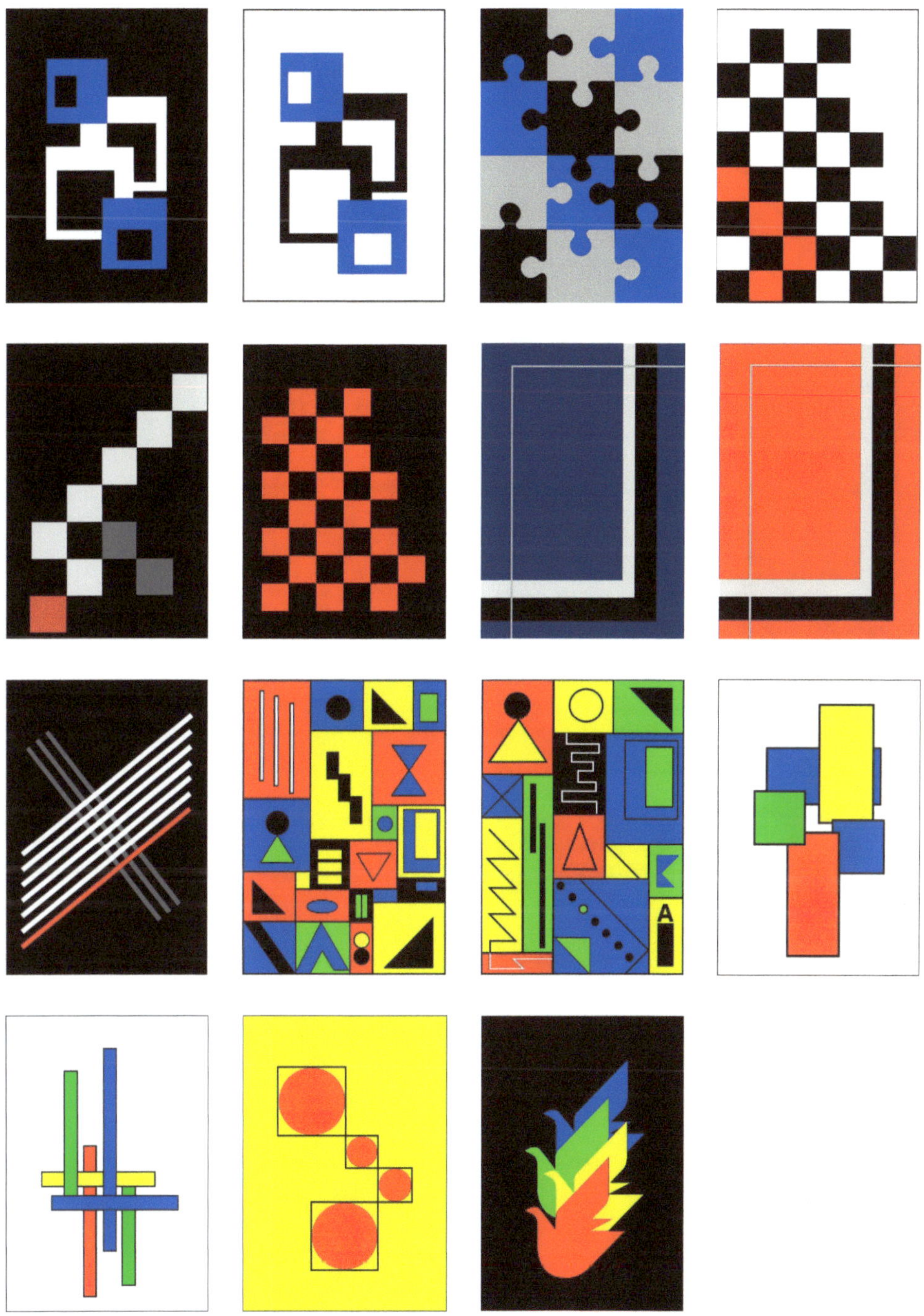

Den Nordeuropæiske Kollektion

Paris
Tour de France
London
Amsterdam - Berlin - Sankt Petersburg
Danmark - Hedensted - Brande - Vejle - Lillebæltsbroen – Fyn

Paris

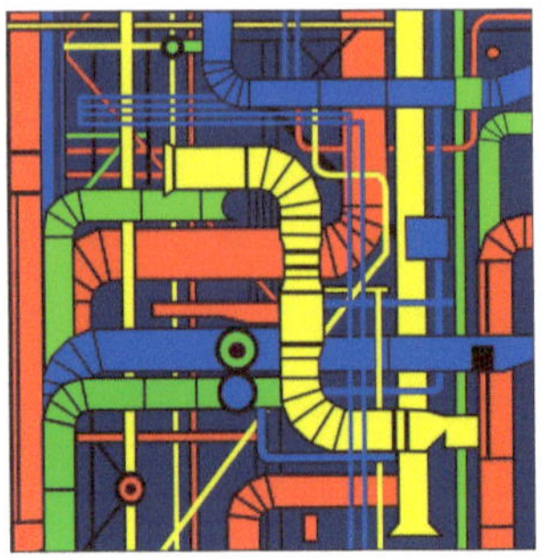

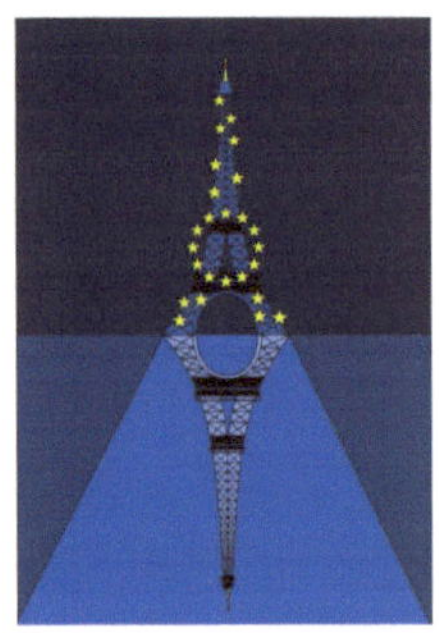

6
MAILLE
6
Moutardes & Condiments
Vinaigres & Cornichons

Tour de France - Giro d'Italia - La Vuelta

London

Amsterdam - Berlin - Sankt Petersburg

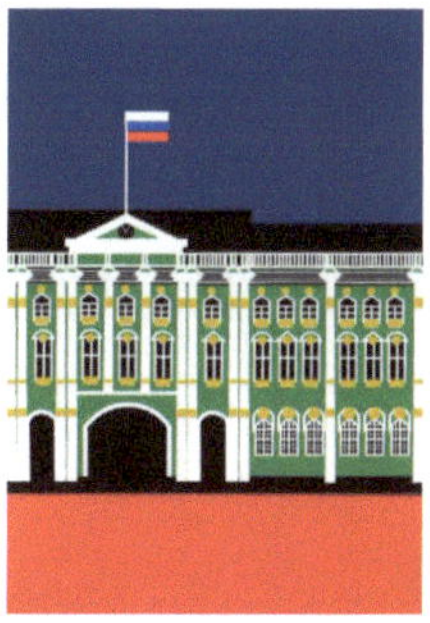

Danmark

Hedensted - Svends Mølle - Brande - Vejle - Give - Lillebæltsbroen – Fyn

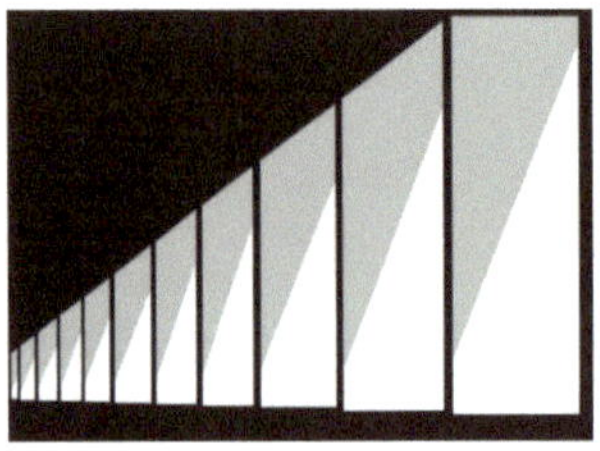

Den Sydeuropæiske Kollektion

Italien - Portofino - Siena - Firenze - Venedig - Assisi - Paestum - Puglia

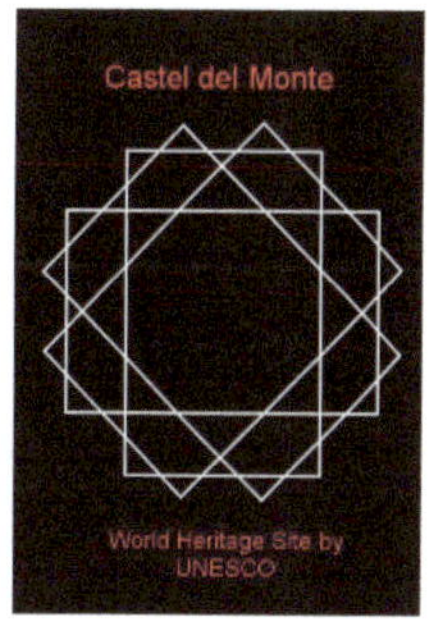

Rom - Colosseum – Vatikanet - Forum Romanum

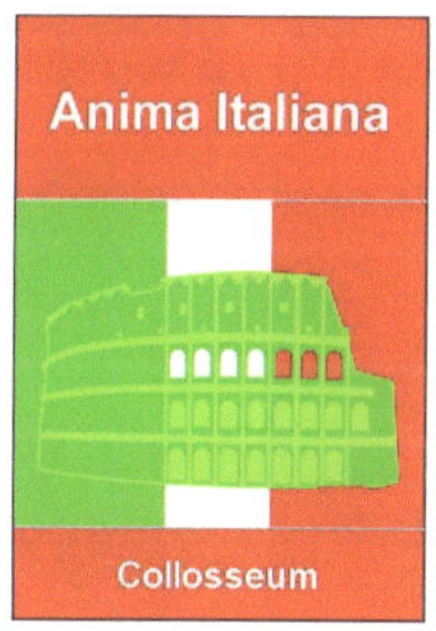

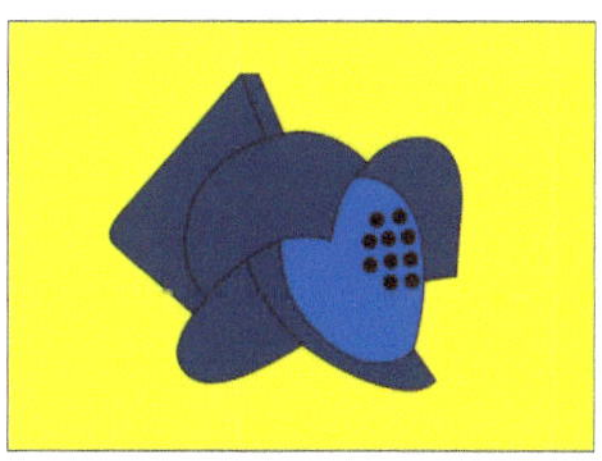

Rom - Pantheon - Muse Nazionale Romano Palazzo Massimo

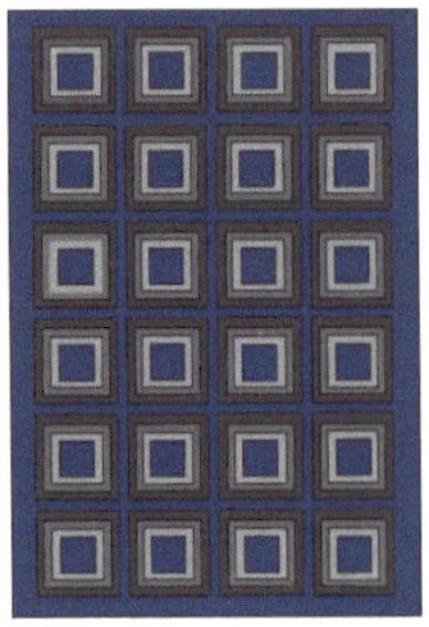

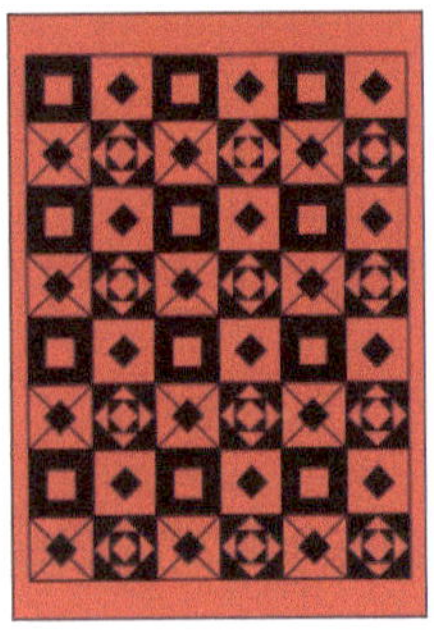

Spanien - Madrid - Barcelona - Costa Brava - Granada - Lissabon – Porto

Spanien

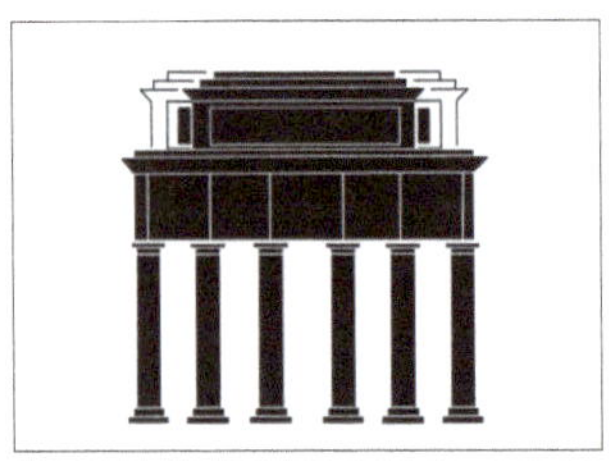

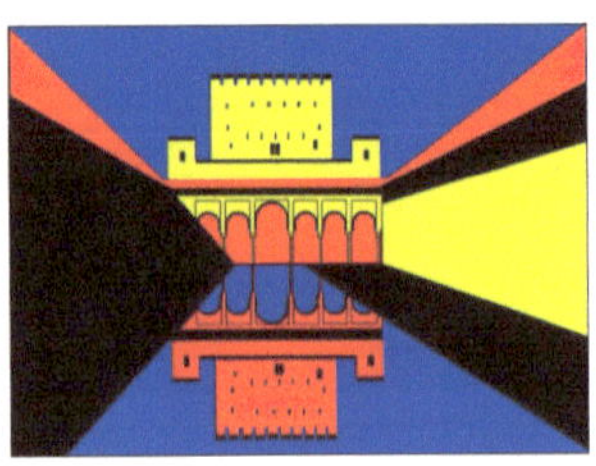

Portugal
Lissabon - Porto

Den Nordamerikanske Kollektion

Vestcanada
Banff - Vancouver - British Columbia - Queen Charlotte Sound - Point Queen Charlotte

Østcanada
St. Catharines nær Niagara vandfaldet - Toronto - St. Margarets Bay Nova Scotia - Halifax

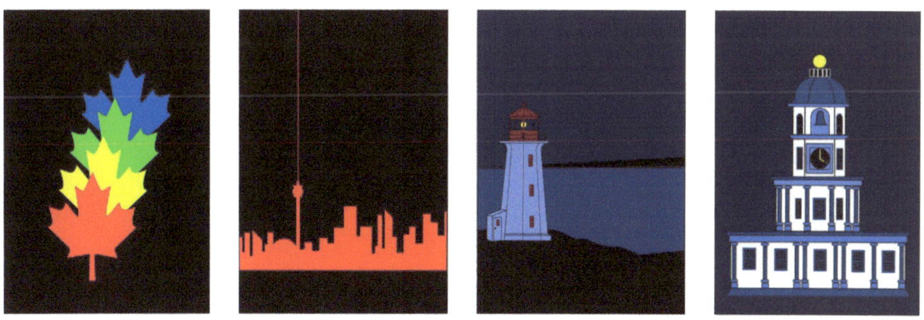

New York - Buffalo

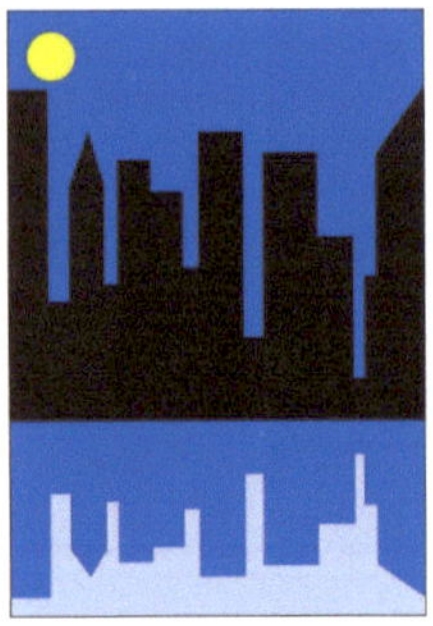

Chicago

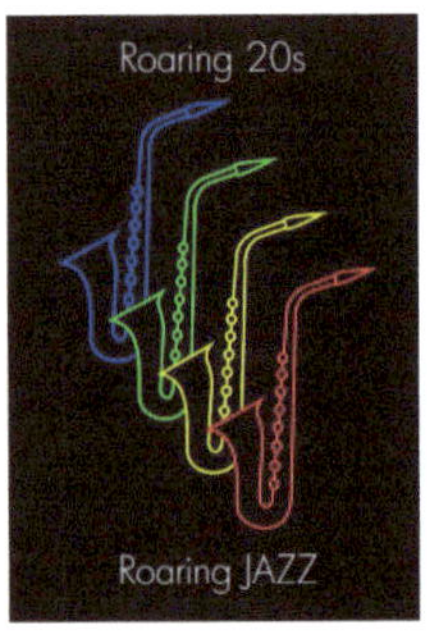

Denver

Portland

San Francisco

Grand Canyon

Nashville - Inspireret af sangtekster

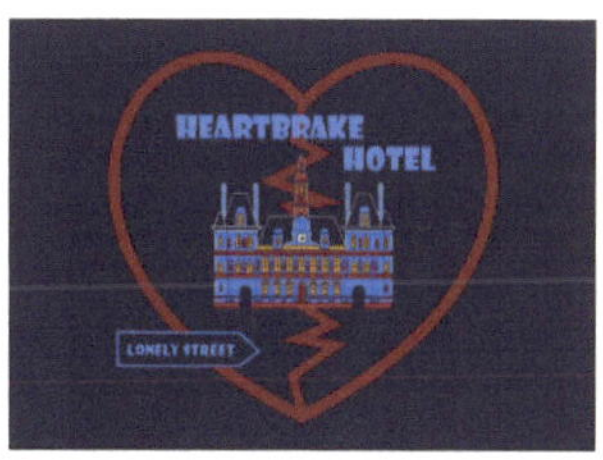

Nashville - Inspireret af sangtekster

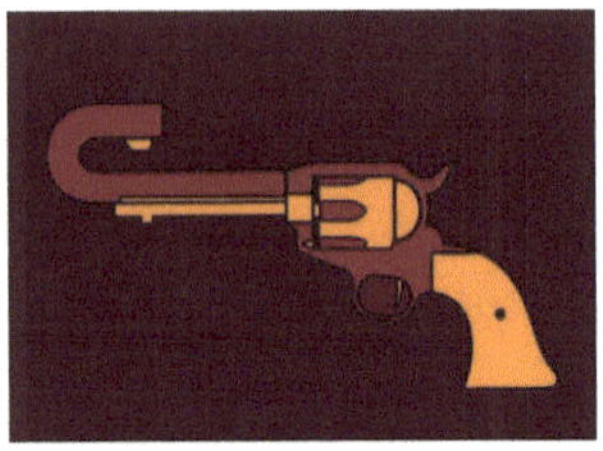

Den Sydamerikanske Kollektion

Argentina
Caminito Buenos Aires

Chile
Påskeøen

Østen og Fjernøsten Kollektionen

Japan – Den Gyldne Pavilion - Tokyo Tårnet - Ginza - Fuji - Tokyo Portal

Japan

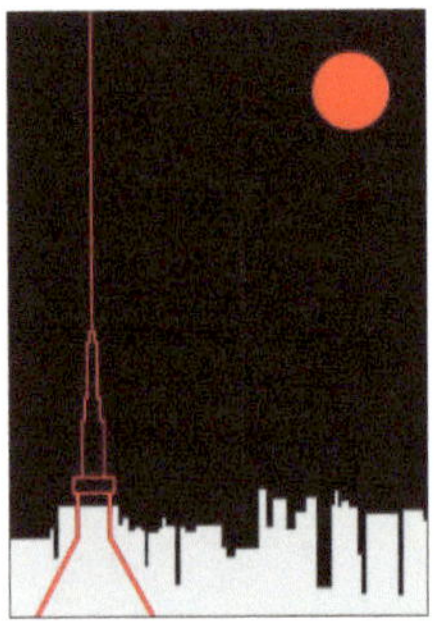

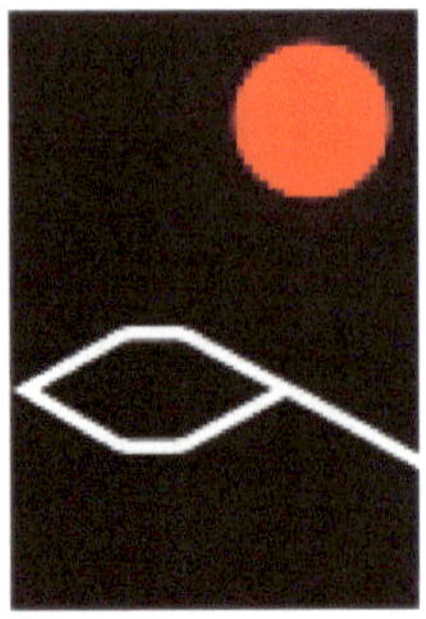
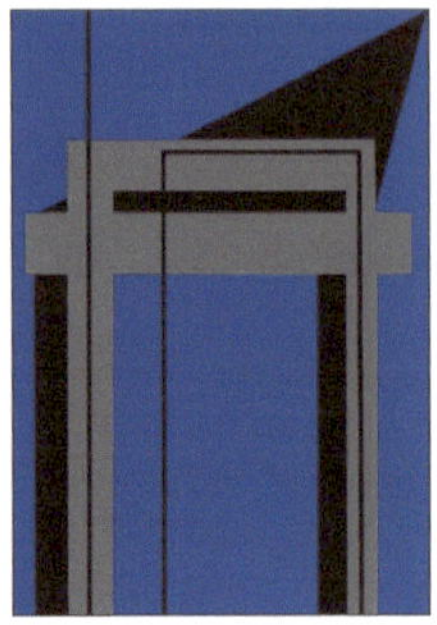

Kina

Konfutse - Shanghai - Pudong – De vilde gæs Pagode - Longhua Templet - Den kinesiske mur

Kina

Min Kalligrafi: Kinesiske bogstaver for ”Fisk”, ”Hund” og for “Us”

Hans Christian Andersen

Indien

Taj Mahal

Nepal

Mount Everest

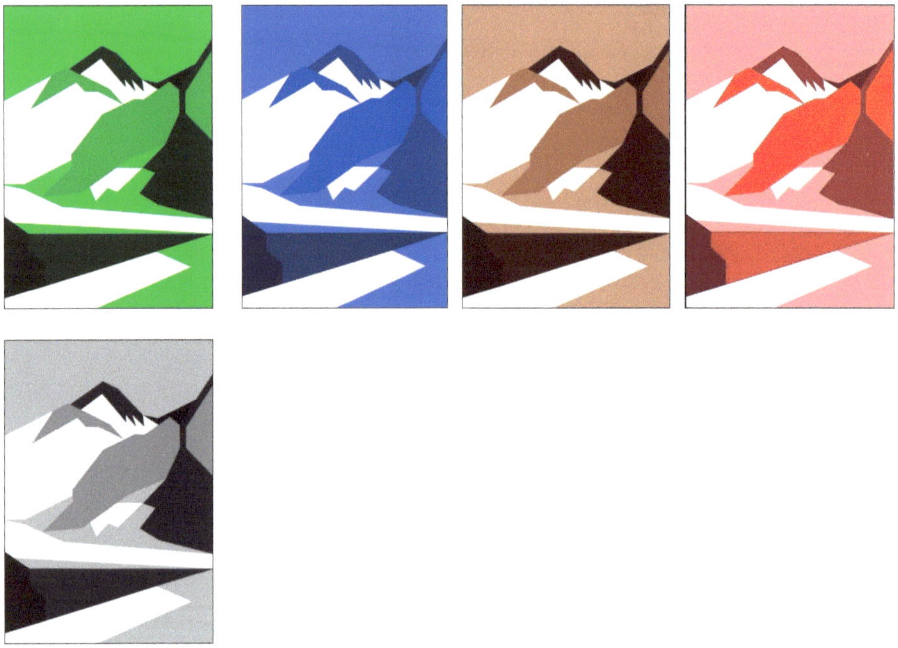

Den australske/Oceaniske Kollektion

Sydneys Opera Hus – Kænguru – Great Barrier Reef

Den Sydafrikanske Kollektion

Syd Afrika

FIFA 2010 World Cup South Africa (bestilt af kunstforlaget MMX i Cape Town og FIFA)

Den Blandede Kollektion

Arkitektur

Cirkus

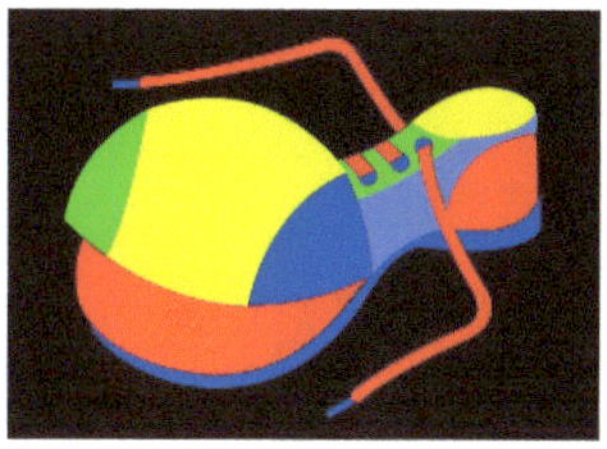

Museer - Domkirker - Kirker – Kristendom

Kirker – Kristendom

Hans Christian Andersen illustrationer

Skulptur/Æstetik: Veteranbiler - Racervogne - Motorcykler

Veteranbiler

Racerbiler

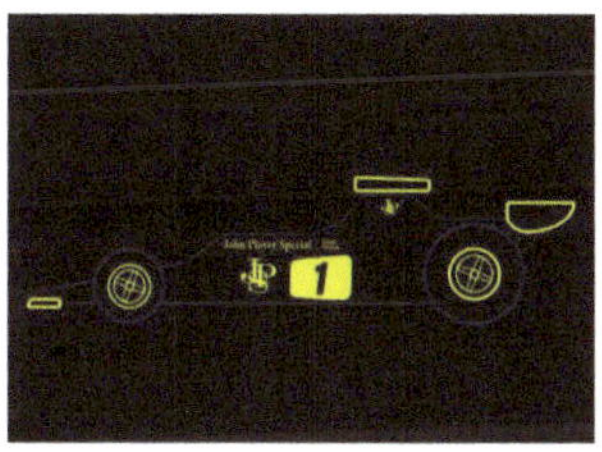

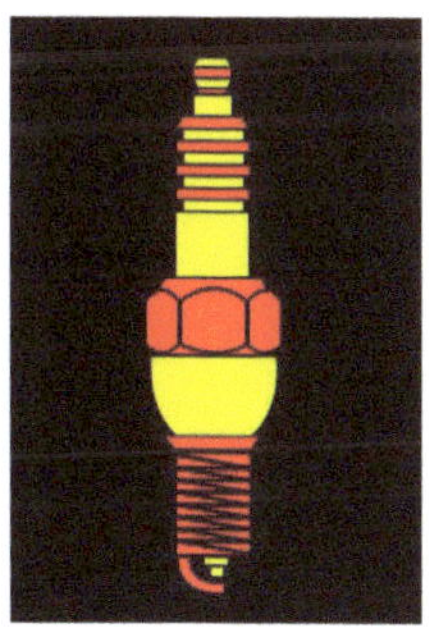

Motorcykler

Vindenergi

Blomster

Eventyrfigurer fra mine eventyr

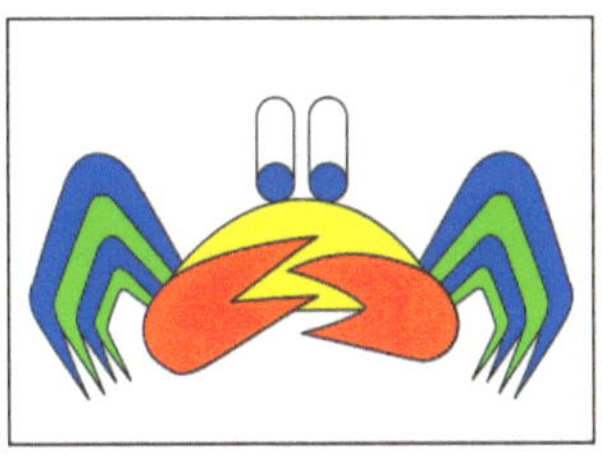

Særligt udvalg - Visual Knowledge - Lonvig by Minymo – Danforel

Ejernes Kollektion

Ikke til almindeligt salg – forbeholdt ejerne.

Slotte, Godser, Herregårde osv.

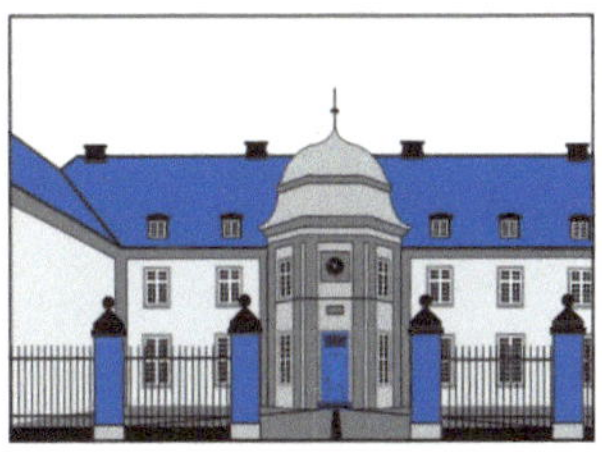

Legender

Copyrights afklares med de relevante parter og Copy-Dan.

Tilføjelse af nye motiver til de 325+
Kunstværker vil løbende blive tilføjet til de 325+ kunstværker. Idéer fra dig er velkommen på lonvig@mail.dk

Bestillingsarbejder
Mit arbejde for virksomheder, offentlige og private organisationer, finansielle institutioner, ministerier m.v. fortsættes uændret. Jeg arbejder her på freelance basis.

Konklusion

Digital kunst er blevet trendy.
Og.
Jeg kan bruge IT i alle kunstens processer - herunder Fine Art Print af højeste kvalitet og højeste bæredygtighed. De sidste installationer af nødvendigt IT-udstyr er tilendebragt og en ring, der begyndte for 10 år siden, er sluttet.

Ja, helt sikkert, jeg er en "Lucky Bastard...Nothing Less"..

Min ven pianist og komponist Carsten Thomsen er også en "Lucky Bastard".
Carsten Thomsen har en kandidatgrad fra Det Kongelige Danske Musikkonservatorium.
Carsten Thomsen og jeg har arbejdet med synergieffekter ved at mikse musik og visuel kunst.

Jeg kan bedst sammenligne mine følelser efter at have lavet de 10 IT-Dogmer og installeret de tekniske forudsætninger med de følelser, en pianist har, når han får sit første Steinway & Sons flygel og installerer det i sit musik værelse.
For nogle år siden købte Carsten Thomsen sit første Steinway & Sons flygel.
Han var bare glad.
Glad, glad, glad.
Han følte, at han aldrig havde spillet så godt.
Han fortalte, at han ikke kunne være bekendt at spille dårligt på et Steinway & Sons flygel.
Ligeledes føler jeg ikke, at jeg kan være bekendt at skabe noget mindre end det bedste med mit nye koncept.

Et Steinway & Sons flygel er det fineste, du kan få.
Steinway & Sons er verdens bedste brand.

Venlig hilsen

Asbjørn Lønvig, kunstner
Lille Fejringhus
Fejringhusvej 43
8722 Hedensted
Danmark

The Golden Pavilion

Kinkaku-ji (金 阁 寺 Temple of the Golden Pavilion?), Også kendt som Rokuon-ji (鹿苑 寺 Deer Garden Temple?),
Er et Zen buddhistisk tempel i Kyoto, Japan.
Have komplekset er et fremragende eksempel på Muromachi periodens have design.
Det er udpeget til at være et World Heritage Site (UNESCO).
Det er også en af de mest populære bygninger i Japan, den tiltrækker et stort antal besøgend hvert år.

Next Step

Den naturlige fortsættelse af denne bog er lonvig.dk
hvor der er thumbnails af alle 325+ motiver -
ved at klikke på en thumbnail
kan du se forstørrelse, beskrivelse i tekst og/eller en video
vedrørende det enkelte motiv.

Quick Response code (QR code)
lonvig.dk

Min næste bog: "Art Beyond Bounds".

Jeg tror, at bogen "Art Beyond Bounds" af mange kunstnere og kunstelskere vil blive betragtet som kontroversiel.
Den digitale maler bruger ikke pensel, palet, oliemaling, lærred o.l.
Han bruger heller ikke elever, som Rembrandt gjorde.
Han bruger IT.

Man udarbejder en skitse til et digitalt maleri i et billedbehandlingsprogram (Photoshop, Paint Shop Pro el. lign.).
Skitsen kan være udarbejdet fra grunden eller den kan være udarbejdet på basis af et foto.
Hvis basis er et foto skal man tilskære det og sørge for at lys, kontrast m.v. er i orden.
Herefter definerer man et sæt af parametre til selve male-softwaren.
IT-udstyret udfører så det hårde arbejde.
På skærmen kan man følge det digitale maleris tilblivelse.
Det er forbløffende at se på - man kan se de enkelte strøg blive udført. Det går meget stærkt.
Det varer kun ½ til 2 minutter.
Når resultatet forligger er det væsentligt at kunstneren er i stand til at vurdere, om det kunne gøres bedre.
Kan det gøres bedre kan der være tale om at justere i billedbehandlingsprogrammet eller parametrene til male-softwaren kan ændre. .
Når billedet er tilfredsstillende kan der være tale om at lave en afsluttende justering i billedbehandlingsprogrammet.

Kunst handler ikke om værktøjer.
Du vælger de værktøjer, du ønsker, det der betyder noget er kvaliteten af det endelige produkt.
Ved at bruge IT-teknologi, kan man lave anderledes resultater, måske bedre resultater, især fordi, man kan gennemfører den digitale maleproces hurtigt og dermed kan lave mange forsøg.

Det er ikke let.
Det er ikke snyd.
Man skal være god til at forbehandle i et billedbehandlingsprogram.
Man skal være god til at definere parametre.
Det kræver en stor indsats at mestre parameter definitionen til perfektion.
På den anden side, hvis du mestrer parameter definitionen til perfektion, er der mulighed for at lave noget særligt.
Lave noget som Poul Henningsen ville kalde "Noget man ikke vidste fandtes".
Eller som titlen på bogen "Art Beyond Bounds".
Min hensigt er at forbedre mine færdigheder og blive en mester i at beherske parameter definitionen til perfektion.
Snyd?
For mit eget vedkommende vil jeg konsekvent oplyse kunden om billedets tilblivelse, så har kunder mulighed for selv at foretage en vurdering - for umiddelbart kan man ikke se forskel på et traditionelt udarbejdet maleri og et digitalt maleri.

Alt dette er omtalt i detaljer i bogen: "Art Beyond Bounds".
Der vil i bogen "Art Beyond Bounds" blive vist et hav af eksempler på digital maleri.
For ikke at undergrave min Colorful Simplicity stil - som er mit brand - med alle de forskellige stilarter i digital maleri, vil Ozborne-Whilliamsson stå som ophavsmand.
Mit alias Ozborne Whilliamsson (evt. Ozborne-W. eller Ozborne) stammer fra, at Asbjørn er Ozborne på engelsk, at min fars navn var Vilhelm, hvilket er William på engelsk. Hvorfra z i Ozborne, h i William og hvorfra dobbelt s i Williamson stammer, det kan du få at vide en anden gang.

Eksempler på digital maleri:

Ponte Veccio

Cinque Terre

Polar Night Greenland

www.ingramcontent.com/pod-product-compliance
Lightning Source LLC
Chambersburg PA
CBHW041322210926
51847CB00002B/20